Artali
Innere Welten
Michaela Ghisletta

1. Auflage, 2025

Fotos von Julia Moll
Klappentext: Anita Mettler

Verlag: BoD · Books on Demand GmbH, In de Tarpen 42,
22848 Norderstedt, bod@bod.de
Druck: Libri Plureos GmbH, Friedensallee 273,
22763 Hamburg
ISBN: 978-3-7693-5696-0

Artali
Innere Welten

von

Michaela Ghisletta
und
Marlon Mettler
Anita Mettler
Karin

Widmung

Ein Dank an all meine Pferdebegleiter von denen ich so viel lernen durfte.

Inhalt

Über die Autorin

Michaela Ghisletta wurde 1971 in Zürich, in der Schweiz geboren.

Sie ist verheiratet und ist Mutter von zwei erwachsenen Kindern.

Michaela Ghisletta arbeitet seit über 20 Jahren als Tierkommunikatorin, mediale Lebensberaterin und bietet Seminare und Ausbildungen für Erwachsene an.

Seit 35 Jahren ist sie pferdebegeistert und kann sich ein Leben ohne Pferde nicht vorstellen.

Sie hat mehrere Bücher geschrieben. Ihr erstes Buch «Die Kristall- und Regenbogenkinder» erschien 2009 im Smaragd Verlag. Weitere Bücher bei BOD.

Kontakt:
www.unicorn-spirit.ch

Co-Autoren:

Anita

Ich bin Anita Mettler: geboren 1964, verheiratet und Mutter von zwei Söhnen (1998/2000). Meine Passion gilt Mutter Natur mit all ihren sicht- und nichtsichtbaren Lebewesen. Als Lichtbringerin wirke ich unter anderem in der Kommunikation, vor allem mit Tieren.

Marlon

Hallo!

Ich heisse Marlon Leon Mettler & lebe mit meinem wunderbaren Hund und meinem Lebenspartner am Obersee. Im Ausweis steht das Alter 25 und ich bin der Sohn von Anita Mettler.

Als Berufsschullehrer und Teamleiter bringe ich täglich meine Begeisterung für Bildung und Entwicklung ein.

Schon immer hat mich die frühkindliche Entwicklung und die Jugendphase fasziniert. Wie Menschen lernen, wachsen und sich entfalten, ist für mich ein spannendes Feld, das ich sowohl beruflich als auch privat mit großer Neugier erforsche.

Neben meiner Arbeit bin ich eine wissbegierige Leseratte und finde Inspiration in Büchern, Gesprächen und den kleinen Momenten des Lebens. Als sozialer Mensch trage ich viele Gedanken und Ideen in mir, die sich in meinen zahlreichen Hobbys und Interessen widerspiegeln.

Diese Neugier und mein Interesse an zwischenmenschlichen Prozessen haben mich auch zu Artali geführt. Seine Worte und Gedanken begleiten mich auf meinem eigenen Weg und inspirieren mich, meinen inneren und äußeren Raum bewusster wahrzunehmen.

Karin

Ich bin Karin, verheiratet und stolze Mama von drei erwachsenen Kindern. Zu meiner Familie gehören auch meine Stute Caprice, Eselchen Laura und mein Hund Jetdi. Die Natur ist meine große Leidenschaft, und ich genieße es, täglich mit meinen Vierbeinern im Wald spazieren zu gehen. Die Vielfalt der Natur begeistert mich immer wieder und bereichert mein Leben.

Einleitung

Vielleicht ist es erst etwas befremdlich, dass ein Pferd die Impulse zu diesem Buch gibt.

Für mich jedoch nicht. Ich arbeite seit über 20 Jahren als Tierkommunikatorin und schätze die Weisheit der Tiere sehr.

In diesem Buch hat Artali aus einer höheren Energie seiner selbst «gesprochen». Ich übersetze dies zwar in Worte, was ich jedoch erhalte, ist so viel komplexer. Ich versuche in den Texten von Artali, Bilder, Gefühle, Schwingung und Energie in Worte zu fassen und sie so für euch wiederzugeben.

Ich weiss, dass dies nicht ganz das ist, nicht vollkommen umfasst, was Artali mitteilen möchte.

Ich hoffe jedoch von Herzen, dass ich es geschafft habe, die Emotionen und die Energie in seinen Impulsen im Text zumindest teilweise spürbar gemacht zu haben.

Artali kam schon mit eingeschränkter Sicht als weissgeborener Knabstrupper zur Welt. Erblindete früh auf seinem rechten Auge und bewahrte sich bis zu seinem 14 Lebensjahr eine Restsicht von hell und dunkel auf dem linken Auge. Das Erblinden und Versinken in die Dunkelheit wandelte Artali sehr zeitnah um, in ein Absinken in seine innere Welt.

Wer mehr darüber erfahren möchte, dem empfehle ich das Buch «Artali – Die Geschichte eines blinden Pferdes» zu lesen.

Artali war schon immer in sehr fühliges und sensibles Pferd, durch seine Erblindung hat sich noch eine neue Tiefe ergeben.

Zu Beginn dieses Buches, wusste ich nicht, wohin die Reise führen wird. Erst war ich überrascht, das Artali von Räumen und Feldern zu erzählen begann.

Doch es macht Sinn; durch den Verlust des Augenlichts, den Blick auf die äussere Welt, hat er gelernt, seine innere Welt noch mehr zu erforschen, zu erleben und zu beleben.

Ich hoffe, ihr nehmt die Einladung von Artali an, und begebt euch mit ihm, Karin, Anita, Marlon und mir auf eine ganz besondere Reise.

Ihr seid jedenfalls herzlich willkommen.

Was Artali «sagt»:

Ich bin glücklich, zufrieden und voller Eindrücke. Meine Sinne sind geschärft und die Welt ist so viel farbiger als zuvor. Mein Leben ist anspruchsvoller geworden, doch meine Wahrnehmung vom Leben selbst ist viel tiefer. Es ist, als hätte ich jetzt meine wahre Bestimmung gefunden. Mein Fühlen, mein Sein ist so viel vielschichtiger geworden. Ohne mein Augenlicht eröffnen sich mir neue Welten.

Für Veränderungen brauche ich einen Moment, doch nicht aus Angst oder Unsicherheit. Ich brauche die Zeit, um diese zu erfassen, zu verstehen und mich dann darin zurechtzufinden.

In meiner Mitte bin ich klar und gut in der Balance und so kann ich diese immer wieder auch im Aussen finden.

Jeder Tag ist ein Geschenk und genauso gehe ich jeden Tag von neuem in mein Abenteuer

JULIA MOLL

Kapitel 1 – Innere Räume

Artali, womit möchtest du beginnen:

Mit den inneren Räumen.

Der Mensch lebt nicht in all seinen Räumen, sein Fokus liegt stark auf den äusseren Räumen. Doch sind diese nicht von wahrhafter Bedeutung. Es sind die inneren Räume, die euch Menschen den Raum geben, euch Fülle erfahren lassen, euch helfen, wahre Liebe zu erfahren und eine tiefe Geborgenheit in euch selbst zu finden.
Dadurch, dass ihr stark die äusseren Räume belebt und euch in ihnen zu erkennen glaubt, verliert ihr eure ureigene Kraft, euer ureigenes Sein.

Jetzt hat mir Michaela unbewusst ein Bild geschickt, mit dem ich arbeiten kann.
Stellt euch vor, ihr habt ein grosses Haus mit vielen Zimmern, ihr bewohnt jedoch nur das Schlafzimmer und das Wohnzimmer. Das ist es, was die meisten Menschen tun.
In euren inneren Räumen seid ihr ganz euch selbst und vor allem bei euch selbst. Doch ihr habt einen grossen Aussenbereich. Hier lebt ihr euer Leben mit vielen anderen Menschen im selben Raum. Diese bestimmen oft, wie ihr agiert, wie ihr euch fühlt und welche Rolle ihr gerade einnehmt.
Beobachte euch doch selbst mal im äusseren Raum, wie ihr in gewissen Situationen reagiert, wie ihr euch je nach Menschen in eurem Umfeld anders verhaltet oder euch fühlt.

In den Aussenräumen, in denen ihr die meiste Zeit in euren Gedanken verbringt, hier wollt ihr der Mensch sein, den andere sehen möchten, oder von dem ihr glaubt, dass andere euch so sehen sollen!
Ihr spielt Rollen, teilweise um zu gefallen, oder aufzufallen. Um unsichtbar zu sein, oder geliebt zu werden. Um euch wertvoll zu fühlen und um gesehen zu werden.
Ich könnte hier unzähliges aufzählen. Doch ich denke, ihr versteht mich.
Die äusseren Räume kosten euch Kraft und schenken euch im Idealfall auch nährende Momente. Doch seit ehrlich, wie lange hält ein Lob oder eine Wertschätzung im Aussen an, wenn die inneren Räume damit nicht gefüllt werden?
Stell dir mal einen deiner inneren Räume vor. Nehmen wir mal das Wohnzimmer. Was brauchst du, um dich hier wohlzufühlen?
Ein Sofa? Ein Fernseher? Ein Kaminfeuer? Eine Decke? Ein Buch?
Wofür stehen diese Dinge in deinem Denken, in deinem fühlen?
Und welche davon brauchst du wirklich in deinem Wohlfühlraum? Welche stehen für echtes Wohlbefinden, welche für eine Flucht vor der äusseren Realität?
Nichts davon ist gut oder schlecht, es soll sich nur gut anfühlen, für dein Wohlfühlen!
Überlege nun und fühl nach, was du von den äusseren Räumen gerne in deinen Wohlfühlraum nehmen möchtest.
Vielleicht Bilder als Erinnerung an einen schönen Moment? Was von deinen äusseren Räumen möchtest du wahrhaftig in deinem Wohlfühlraum haben?
Nimm dir dafür Zeit.

Als Pferd fühle und denke ich anders als ihr Menschen, freier, mit weniger Begrenzungen in meinem Denken und Fühlen. Dafür wird mein Leben von den Menschen und ihren Regeln im Aussen stark begrenzt. Die wahre Weite erfahre ich in meinen inneren Räumen. Diese haben jedoch keine Zäune, oder wie bei euch Wände.
Meine inneren Räume sind Felder, Wiesen, Wälder oder Gefühlbilder wie Wind, Regen, Sonne…
Mal stehe ich im Schutz eines Baumes, dann wieder auf einem Hügel. Je nachdem, was ich gerade brauche.
Im Grunde sind alle Wesen frei, wenn sie ihre inneren Räume bewohnen. Grenzenloses bewohnen. Was ich damit meine, folgt später.
Was ihr dann in die Welt tragen könnt, ist pure Fülle an Gefühlen, an Schwingung, an wahrem Sein. An ursprünglichen und wahrhaftigen Ideen, an kreativen Lösungen für euch selbst und andere.
Ihr Menschen sucht eure Bestätigung zu oft im Aussen, dabei könntet ihr so viel mehr aktiv im Aussen bewegen und verändern, wenn ihr eure innere Fülle und Weite in die äusseren Räume tragen wurdet.
Denkt und vor allem, fühlt diesem Gedanken doch mal nach?

Michaela

Zuerst einmal muss/darf ich wieder einmal erfahren, wie schwierig es für mich ist, die Gefühle, Bilder und Schwingungen, welche Artali mir übermittelt, in Worte zu fassen.
Ich werde den Impulsen von Artali nur zum Teil gerecht.

Es bewegt mich beim Durchlesen des Textes jedoch schon, wie oft ich tatsächlich in den äusseren Räumen lebe. Und zwar nicht nur, wenn ich tatsächlich unter Menschen bin. Sondern auch in meinem Zuhause drehen meine Gedanken oft um das Aussen. Wie wirke ich auf andere? Was denken Menschen über mich und über meine Arbeit?
Und doch bin ich oft in meinen inneren Räumen, auch wenn ich mich im Aussen bewege.
Wenn ich an die von Artali beschriebenen inneren Räume denke, so füge ich sicher noch meinen kreativen Raum hinzu. Es ist ein Ort, in dem ich viel Kraft tanke und von dem ich wohl die meiste Energie ins Aussen fliessen lasse. Ein schönes Gefühl für mich.
Doch was nehme ich von Aussen in meine inneren Wohlfühlräume, wie z.B. mein inneres Wohnzimmer?
Bei mir sind es, im realen Leben zumindest, Kraftbilder. Bilder, die mich emotional berühren. Bilder von Wäldern und Tieren. Ich mag auch Figuren, welche für mich meine Wohlfühlmomente spiegeln. Für mich sind es keine Diplome, oder Dankschreiben oder ähnliches. Diese äusseren Anerkennungen sind in meinem Wissen gespeichert, möchte ich jedoch nicht sichtbar in meinen inneren Räumen haben. Ich bin jedoch auch ein Mensch, für den weder Diplome noch Auszeichnungen eine grosse Rolle spielen. Ich trage diese als Erinnerungen im Herzen, ein kurzer Stolz auf das Geleistete. Doch wahres Wohlfühlen finde ich in anderen Erinnerungen.
Für mich ist mein innerer Wohlfühlraum wie im realen Leben verbunden mit meinem Garten. Er gehört für mich zu meinen inneren Räumen.
Momentan habe ich den Gedanken, dass ich doch einige meiner inneren Räume bereits belebe und doch sehe ich

auch die vielen leeren inneren Räume, die es noch zu entdecken gibt.
Ich freue mich darauf!

Karin Sönning

Artali, erkläre mir die inneren Räume, gibt es noch eine andere Sichtweise, was müssen wir noch verstehen?
Die Schattenbilder, dies sind Bilder die sich wie ein Schatten über euch legen. Es sind Emotionen, die nicht verarbeitet wurden, die keinen Raum erhalten haben, um zu verstehen, was es euch lehrt. Der Schatten ist hartnäckiger als Staub, er begleitet Dich stets und diese Bilder müssen positiv sein, sie sind immer da.
Sobald ihr versteht, weshalb dieses Schattenbild Dich begleitet, ist es ein Bild, das von Licht erzeugt wird, versteht ihr es nicht, ist es ein Bild, in dem ihr Schutz sucht und ihr steht im Dunkeln.

Was hat das jetzt mit inneren Räumen zu tun?
Der Schatten verändert sich stetig und dies tun die inneren Räume auch, es ist ein Spiel zwischen Licht und Dunkelheit.
Es gibt Innen und Aussen, es gibt immer ein Gegenüber, ein Gegenspieler, diese sind am besten ausgeglichen. Der innere Raum hat nur mit Dir zu tun, der äussere Raum vielmehr mit anderen, finde zu Dir selbst. Dann findest Du Deinen Wohlfühl-Raum, der Dich nährt, die Seele, Dein wahres Ich.

Es ist ein Gefühl, man kann es nicht beschreiben, man weiss einfach, wann man es gefunden hat. Innere Räume bedeuten für mich, ich finde zu mir selbst, ich nehme mich wahr und meine Bedürfnisse, was macht mich glücklich was macht mich aus, wer bin ich, wo stehe ich.

Marlon Mettler

Lieber Artali, ich möchte damit beginnen, was mich in deinem ersten Buch sehr geprägt hat: der Atem. Das Atmen bewegt die Luft.
Für mich gibt es dadurch eine tiefe Verbindung zwischen deinem letzten Buch und deinem ersten Kapitel: Beide Räume wollen gelüftet und gefüllt werden. Somit füllen die Räume sich mit Energie und Frische.
Mit dem bewussten Atmen, so denke ich, kann von aussen nach innen, in die inneren Räume vorgedrungen werden, um diese bewusst wahrzunehmen. Seitdem ich bewusst atme, fällt es mir leichter meine inneren und äusseren Räume miteinander zu vereinen. Oft kommst auch du mir in den Sinn.
Während meiner Meditation habe ich an deine Worte gedacht und erkenne, dass ich meinem Wohlfühlraum nur eines brauche. Eine kuschlige Decke.
In meinem inneren Raum sehe ich diese als ein Gewebe meiner Erinnerungen. Besonders die schönen möchte ich einweben und mich mit dieser einrollen wie ein Rabe im Nest. So möchte ich lernen die Dinge im äusseren bewusst und gezielt in mein Innerstes aufzunehmen und mich zu stärken.
Aktuell gehe ich womöglich auch deswegen aktiv durch meine Wohnung und trenne mich von nicht mehr Gebrauchtem. Sehr oft kann dieser Gegenstand sogar ein neues zu Hause finden oder macht einer anderen

Person Freude. Ich schaffe Platz und webe gleichzeitig neue schöne Erinnerungen ein.
Mir persönlich fällt es schwer, innere Bilder wahrzunehmen, ich höre diese nur oder mein Rabe erzählt mir, wie es aussieht. Ich denke, gerade deshalb möchte ich in meinem Inneren nur eine Decke haben, welche mich wärmt und mit Geschichten unterhält. Lieber Artali, was würdest du mir als «hörender» wie du mitgeben, wie ich meinen inneren und äusseren Raum weiter erforschen kann?

Anita Mettler

Lieber Artali
Ich freue mich sehr auf diese Reise mit Dir und bin zuversichtlich, dass es viel zu entdecken gibt.
Die Betrachtung meiner inneren und äusseren Räume hat mich sehr überrascht. Vor allem habe ich festgestellt, dass es mir in meinen inneren Welten wohler ist und ich mich sehr gerne darin aufhalte. Da gehe ich auf Erkundungstouren, lasse die Phantasie spielen und alles ist möglich.
Bei den äusseren Welten musste ich feststellen, dass sie oft nicht so sind, wie sie mir gefallen. Bei den gemeinsam bewohnten Räumen wurden wohl von allen Seiten Kompromisse eingegangen. So hat es zum Beispiel wegen mir viele Pflanzen, die vielleicht nicht alle Mitbewohner toll finden. Auf der anderen Seite hat es Bilder, die mir nicht gefallen. Zum Glück habe ich einen zauberhaften Ecken, welcher nur für mich ist und alles Dinge sind, die ich liebe und die mich stärken.

Deine Wahrnehmung:

Kapitel 2 – Grenzenlose Räume

Artali

Nun kommt die Herausforderung, eure inneren Räume nicht mit Wänden wahrzunehmen, sondern als ein offener Raum. So wie ich es in meinem Fühlen tue, stellt euch einen Raum vor, der für euch für Freiheit steht.
Dies kann ein Bild einer Klippe sein mit Blick aufs Meer, der Wind bläst durch eure Haare... Du atmest die salzige Luft des Meeres ein.
Oder welches Bild auch immer vor eurem inneren Auge entsteht. Fühlt diese Energie, stellt euch vor in eurer inneren Welt hat es einen Ort der puren Freiheit. Das kann für dich ein Duft sein, ein Gefühl, ein Bild oder eine Sinneswahrnehmung.
Und so zeigen sich deine inneren Räume in offenen Räumen. Grenzenlos, eben ohne Wände.
Für jedes positive Gefühl hast du einen inneren Raum. Manche mit Wänden, andere als Landschaft, oder eine Energie der Farbe, Düfte und Sinneswahrnehmungen.
Nimm dir die Zeit, diese Räume zu erforschen. Je mehr deine inneren Räume aktiviert sind, umso mehr wird dein ureigenes Sein gestärkt.
Für mich persönlich ist die Energie der Freiheit zentral. Hier geht es nicht um ein Kämpfen gegen Begrenzungen, sondern darum, den inneren Raum, deine eigenen Begrenzungen zu öffnen.
Wo begrenzt du dich selbst? Welches Gefühl, welcher Gedanke kommt dir hier in den Sinn?

Du hast es in der Hand, die innere Freiheit zu fühlen. Nicht das Aussen begrenzt dich, es ist dein Denken, dein Fühlen, und Glaubenssätze, welche du unbewusst noch gespeichert hast.
Lass den Wind durch den Raum der Freiheit blasen, lass die begrenzenden Gefühle davon wehen, ebenso Glaubenssätze, die dir nicht mehr dienen.
Für mich als Fluchttier ist das Gefühl der Begrenzung besonders unangenehm. Und doch ist es mein Leben als Nutz- oder Heimtier. Meine Bewegungsfreiheit wird dezimiert. Der Mensch entscheidet über meinen Weg und die Gangart, er kontrolliert meine Bewegungen, meinen gesamten Freiraum. Ich kann mich dagegen wehren, aber dies führt meist zu mehr Einengung und somit mehr Kontrolle über mich.
Wenn ich jedoch den Raum wahrnehme, der mir durch diese Eingrenzung im Aussen geschenkt wird, eine andere Art des Erlebens, erkenne ich die Freiheit, die darin liegt.
Mein Mensch lässt mir wahrscheinlich mehr Raum als andere Menschen, aber auch Michaela begrenzt mich und schenkt mir dabei gleichzeitig neuen Raum.

Dies zu erkennen und zu fühlen, hat meinen inneren Raum der Freiheit wachsen lassen. Ich erkenne den Raum, der mir auch im Aussen zur Verfügung steht.
Vielleicht geht es dir ähnlich? Kannst du die Freiheit erkennen, in den scheinbaren Begrenzungen im Aussen?
Denn es ist ein ewiges Spiel zwischen deinen inneren Räumen und dem äusseren Raum.
Doch kaum, dass ich dir das Prinzip der Räume erklärt habe, bitte ich dich auch schon, diese zu vergessen. Es

sind vielmehr Felder in dir. Grenzenlose Flächen, die du nach deiner eigenen Energie gestalten kannst.
Denke Gross! Löse dich von deinen inneren Begrenzungen und wenn es nur die Art ist, wie du deine Räume begrenzt, durch Wände, Zäune, oder Anbindungen, die dich festhalten.
Pflege deine inneren Felder. Gestalte sie immer wieder neu, denn dein Sein verändert sich ein Leben lang.
Je besser du deine inneren Felder kennst, umso mehr kann von dir selbst in das Aussen fliessen. Du beeinflusst so dein Aussen und nicht umgekehrt!

Michaela

Auf dieser Ebene wahrzunehmen, dass es unsere inneren Felder sind, welche die Begrenzung im Aussen mitbeeinflussen, schenkt mir gerade mehr Raum. Mein Denken verändert sich, weil sich mein Fühlen verändert. Ich spüre so viel mehr Raum in mir selbst und ich kann es tatsächlich schon sehen, fühlen, sogar schmecken, wie sich meine Wahrnehmung des Aussens verändert.
Ich glaube, Artali hat mich gerade angesteckt, meine Sinne, meine ganze Wahrnehmung ist gerade so viel offener und weiter.
Ich denke, das geniesse ich jetzt einfach und freue mich darauf, was diese neue Sicht auf das Ganze bei mir in Bewegung setzen darf.

Karin Sönning

Innere Räume ohne Grenzen
Artali wie erklärst Du es mir?

Es ist das Universum, dies ist unendlich und kennt keine Grenzen, wie fühlt sich das an, dort zu schweben? Über den Wolken muss die Freiheit wohl grenzenlos sein, jetzt nimm dieses Gefühl in Dein Inneres.
Es fühlt sich so an, ob alles möglich ist, nichts ist unmöglich. Ich sehe vor meinem inneren Auge, wie die Grenzen gesprengt werden, aber ja, fast auch eine Überforderung, dies zu fassen mit meinem Verstand.

Innere Weite, schafft Raum im Aussen.

Anita Mettler

Ja, die Begrenzungen im Aussen beschäftigen mich stark. Mit Deiner Hilfestellung habe ich ein Annehmen, was ist, erreicht. Dies hat gleich viel Druck genommen und Begrenzungen einfach zerfliessen lassen.
Meine inneren Räume sind sehr weit, verschieden, bunt und offen. Vielleicht könnte ich diese mehr aktiv gestalten, Wünsche einbringen und voll in das wohlige Gefühl mit allen Sinnen eintauchen.

Marlon

Diese Worte gehen unter die Haut. Nach einer Meditation zu dem oben Gelesenen hat sich meine innere Landschaft zwar nicht verändert, da es vorher schon weite Felder mit viel Wasser und Hügeln war. Jedoch hat sich geändert, dass ich nicht nur „höre“, sondern auch taktil begonnen habe zu fühlen. Die Landschaft wahrzunehmen, scheint aufs erste einfach zu sein. Ich glaube nun zu verstehen, was es heisst „zu fühlen“.

Wie auch ein Nutztier gibt es auch für uns Menschen Grenzen. Manchmal werden auch um diese gestritten und wir kämpfen in der einen oder anderen Art um die äusseren Räume.
Ich bin überzeugt, dass wenn jede Person seine inneren unbegrenzten Räume/Felder mehr spüren, fühlen und ehren würde, könnte das ein oder andere auf der irdischen Welt friedlicher ablaufen.
Nach meiner Meditation spürte ich in meinem Dasein ruhiger Frieden.

Deine Wahrnehmung:

JULIA MOLL

Kapitel 3 – innere Felder

Artali

Reden wir doch weiter über die inneren Felder. Es ist dem Menschen oft so fern, in offenen, inneren Räumen zu denken und zu fühlen.
Für mich ist es hingegen unverständlich, wie man sich im Inneren begrenzen kann. Zu denken, dass Mauern und Wände eine Sicherheit geben können, ist für mich nur schwer nachzuvollziehen.
Darum möchte ich nun mit dir das innere Feld der Geborgenheit ansehen. Und ja, es ist ein Feld. Kein Raum mit Wänden!
Für mich kann das innere Feld der Geborgenheit das Gefühl sein, bei Hitze unter der Kühle eines Baumes zu stehen. Und er schützt mich bei Regen. Dieser Baum ist tief mit der Erde verbunden, ja in ihr verwurzelt, so schenkt er auch mir eine tiefere Verbindung zur Erde.
Seine Krone reckt sich gegen Himmel, seine Blätter rascheln im Wind. Ich grase in seinem Schutz vor Sonne und Regen. Dies ist eines der Felder der Geborgenheit in mir.
Doch es gibt auch das Feld der Geborgenheit, in dem ich mich ans Saugen an dem Euter meiner Mutter erinnere.
Dies ist eine Gefühlserinnerung, ein Feld des Gefühls, genährt zu sein, Geborgenheit zu trinken. Ein Gefühlsfeld entsteht.
Und darüber möchte ich mit euch reden, mit euch darüber nachdenken und -fühlen.
Die inneren Felder können und sollen es sogar, gefühlte Erinnerungen sein.

Kannst du damit etwas anfangen: Gefühlte Erinnerungen?
Wie fühlt sich für dich Geborgenheit an, welche Erinnerungen steigen auf? Ist es eine Umarmung, ein gehalten werden? Ein Duft nach frisch gebackenem Brot oder Kuchen? Ist es die Kraft der Natur? Eine Blumenwiese oder Wald? Bild, Gerüche und Gefühle vermischen sich....
Wie nimmst du dein Feld der Geborgenheit wahr?
Suchst du dieses Gefühl im Aussen oder erkennst du bereits, dass du die Geborgenheit ins äussere Feld tragen kannst?
Wenn wir Geborgenheit im inneren Feld fühlen können, ja sogar in uns selbst erleben können, dann können wir sie ins äussere Feld bringen und sie dort auch selbst erfahren.
Unsere inneren Felder nähren unser äusseres Feld. Das äussere Feld kann unsere inneren Felder bereichern, jedoch bestimmt es sie nicht.
Kannst du das verstehen? Diese Illusion, dass du im Aussen die Erfüllung suchen oder finden musst, dabei gilt es sie in deinem Inneren zu entdecken und zu nähren. Das Gefühl des Geborgenseins ist in dir selbst. Entdecke es, nähre es und trage es ins äussere Feld. Erlaube dir, wahre Geborgenheit auch im Aussen zu erfahren.

Du hast so viele Erinnerungen. Bilder und Sinneswahrnehmungen für ein Gefühl der Geborgenheit in dir gespeichert. Werde dir dieser vielen Puzzlestückchen bewusst und erschaffe dir daraus dein inneres Feld der Geborgenheit.

Meine Erinnerungen und Sinneswahrnehmungen dazu:

Das ruhige kauen von Gras, der Atem eines Artgenossen, der Duft nach dem Regen, die Wärme der Sonne, das Lecken meiner Mutter über mein Fell, die lobende Stimme meines Menschen, das Zwitschern von Vögeln, das Rauschen der Blätter im Wind, die Luft nach frischem Schneefall, das Schlafen in der Gemeinschaft der Herde und so viel mehr.
Ich trage so viel Geborgenheit in mir. Ist das nicht schön?

Ich träume von einer Welt der Verbindung. In der das innere Wissen und Fühlen mehr bedeutet als der äussere Schein.

Ich bin, wer und was ich bin, und ich bin gut so wie ich bin.

Meine innere Welt ist nun der Spiegel der äusseren Welt. Ich nehme wahr, ich sehe auf meine Art.

Mein Blick war immer schon ein anderer und ich träume davon, euch ein Stück weit in meine Welt, in meine Wahrnehmung mitzunehmen.

In mir fühle ich eine Welt, in der sich der Mensch wieder erinnert, dass er ein Teil des Ganzen ist und nicht über dem Ganzen steht.

Wir Tiere und die Natur selbst verfügen über ein breites und tiefes Wissen, welches der Mensch einfach ignoriert.

Ich träume von dem Erwachen der Menschen, von einer neuen und doch alten Gemeinschaft, die wieder erwachen darf.

Michaela

Es ist beinahe eine Überforderung für mich. Vom scheinbaren Mangel an Geborgenheit in eine schon fast Reizüberflutung von Erinnerungen und Empfindungen einzutauchen. Es geht mir gerade wie Artali, ich habe ja so viel Geborgenheit in mir und es wird mir bewusst, wie ich dieses Gefühl auch immer wieder nach Aussen trage. Oft geschieht dies bei mir durch kleine Gefallen oder Geschenke für meine Mitmenschen oder ein Verwöhnen mit anderen Kleinigkeiten.
Ich empfinde Freude, weil ich so meine Zuneigung zeige und, wie ich hoffe, ein Gefühl der Geborgenheit für einen kurzen Moment im Aussen erzeugen kann.
Für mich gerade sehr spannend, wieso ich diese Art gewählt habe, um Geborgenheit zu schenken. Darüber möchte ich noch etwas nachdenken. Ist es vielleicht nicht eher ein Suchen nach Geborgenheit?

Anita Mettler

Mit der Geborgenheit hat es wohl ein Reizthema bei mir hervorgerufen. Ich muss in meinen Erinnerungen richtig nach Begebenheiten, Düften, Liedern usw. suchen! Es fällt mir leicht, Geborgenheit zu vermitteln, würde ich von mir sagen.
Da muss ich wohl noch etwas eintauchen und mir gezielt ein äusseres Feld für mich aufbauen. In meiner inneren Welt habe ich schon viel Geborgenheit erfahren dürfen. Mutter Maria hält mich in ihren Armen, umarmt mich oder reicht mir die Hand. Krafttiere umgeben mich, beruhigende und erdende Melodien sind da,

kraftspendende Landschaften strahlen Geborgenheit aus.
Hier werde ich gezielt mehr eintauchen, sodass diese Wahrnehmungen immer mehr in mein äusseres Sein fliessen dürfen.
Ich habe festgestellt, dass ich gerade in schwierigen, krisenhaften Situationen die Hilfe der geistigen Welt anfrage. Dazu unterstützt mich zB. gerade Michaela Ghisletta. Sie gibt mir mit ihrem Wirken und ihren Antworten die Sicherheit, die mich wieder in mein mich geborgen fühlen bringt.

Marlon:

Geborgenheit ist für mich wie eine kuschlige Decke mit Erinnerungen. Gewoben auf Emotionen und Erlebnisse von allen Leben und Welten, welche ein Teil von mir sind.

Auf der Erde ist für mich Geborgenheit in den verschiedensten Dingen zu finden. Eine liebevolle Umarmung von Familienmitgliedern oder Freunden; wenn sich meine Hündin an mich schmust oder auch eine warme Schokolade an einem kalten Wintermorgen. Ich verbinde Geborgenheit mit einem wohligen und sicheren Gefühl.

Im spirituellen Sinne empfinde ich Geborgenheit als Basis für neue Wege. Beispielsweise meine Schamanische Begleitung «Norsa» oder auch das Chanten von buddhistischen Silben geben mir die nötige Geborgenheit, um spirituell zu wachsen. Geborgenheit fühlt sich in allen

Welten an, als würde mir jemand den Rücken stärken, meine Hand halten und mir liebevoll Mut zusprechen.

Karin Sönning

Geborgenheit ist ganz oft mit Gerüchen, Situationen, vielleicht auch Traditionen und vielem mehr verbunden. Geborgenheit kommt von Innen, das Aussen kann keine Geborgenheit geben, es sind die Erinnerungen, die nähren und ein wohliges Gefühl geben. Geborgenheit möchte man seinen Kindern mitgeben, vielleicht ist für viele Geborgenheit mit dem Schutz der Eltern verbunden oder das erste Geborgenheitsgefühl, das wir speichern. Eine Umarmung und darum vielleicht ein Raum und nicht ein Feld, da eine Umarmung wie ein Schutzschild um jemanden legt.

Deine Wahrnehmung:

Kapitel 4 – Energie tanken

Artali

Wir Pferde schlafen nicht viel. Da wir Fluchttiere sind, ist das Abliegen immer ein Risiko. Wenn wir schlafen, dann träumen wir und verarbeiten so die Erlebnisse des Tages. Oder erleben schöne oder aufregende Momente nochmals. Dafür dösen wir mehrmals am Tag. Wir stehen dann mit gesenktem Kopf und entlasteten Hinterfuss da und sinken in unsere eigene innere Welt ab. Ich bin dann in meinen inneren Feldern, tief in meinem eigenen Sein versunken. Dieses scheinbare Nichtstun ist ein sehr bedeutender Moment. Hier festige ich mein Innenleben, meine innere Kraft und mein tiefes Sein.
Je nachdem, was ich brauche, sinke ich in meine Felder und hole mir dort die Energie, die mir fehlt. War es ein aufregender Tag, dann suche ich gerne mein Feld der Ruhe auf. Bei mir ist dies eine Wiese, auf der ich einfach weidend bin. Immer wieder ein Schritt und grasen. Dies lässt mich Stressenergie abbauen, ich komme zur Ruhe, tanke meine energetischen und emotionalen Reserven wieder auf.
Bei euch Menschen kann dies wohl das Tagträumen sein, eine Meditation, oder Musik hören oder was ihr sonst so alles tut, um wieder zu euch selbst zu finden.
Ich möchte nur anmerken, dass wir Pferde mehrmals am Tag dösen. Wir nehmen uns diese Zeit, des „ganz-bei-sich-seins“. Bei euch Menschen nehme ich diese Auszeiten, oft als ein „sich ablenken“ wahr. Ihr sucht euch eine Auszeit im Aussen und nicht die Ruhe in euch selbst. Ihr habt so viele wunderbare innere Felder, in die

ihr abtauchen könnt. Dies geht in der Natur bei einem Spaziergang, oder wenn ihr Musik hört, um tief in euch selbst abzusinken.
Eure inneren Felder wollen belebt und erlebt werden. Eure inneren Felder sind Fülle, Energie, Wohlbefinden, Freude, Besinnlichkeit und vieles mehr.
Meine Bitte an euch: Lernt eure eigene innere Fülle kennen. Bewohnt eure inneren Felder, nährt euch in ihnen und geht erst vollgetankt und voller kreativer Energie in die äusseren Räume.
Meine Beobachtung oder vielmehr meine Wahrnehmung ist, dass viele Menschen mehr im Aussen, als im Innen existieren. Es ist, als bewohnt ihr euer eigenes Sein nur zeitweise, ansonsten verliert ihr euch im Aussen.
Übt euch doch vermehrt im Sein mit euch selbst. Lernt eure inneren Felder besser kennen und entdeckt wie viel Anerkennung, Wohlbefinden, Energie und vieles mehr in euch selbst zu finden ist.
Nimm dir doch jetzt 5 Minuten Zeit, setzt dich oder stell dich hin, schliesse deine Augen, lass deinen Körper sich entspannen, dein Atem geht tief und ruhig.
Spüre deinen inneren Raum, diese Weite in dir, die nicht vom Aussen bestimmt wird, sondern allein dir gehört.
Lass dich nun sinken in eines deiner Felder. Brauchst du eine Atempause, dann suche dir das Gefühl, das Feld aus, indem du dies spüren kannst.

Möchtest du Energie tanken? Dann suche dir den Ort in dir aus, der voller Tatendrang ist und geniess diese Energie!
5 Minuten, mehrmals am Tag. Sollte das nicht möglich sein?

Michaela

Heute ist so ein Tag, an dem ich mich selbst stresse. Zu viel von mir verlange, vieles gleichzeitig erledigen möchte. Und dann kommt noch Artali, der unbedingt dieses Kapitel mit mir schreiben will. Und wisst ihr was? Das war genau das Richtige. Ich kann wieder meine innere Ruhe fühlen, dieses Atemholen, wieder spüren, was ich selbst brauche, um zur Ruhe zu kommen.
In meiner Sprache sind die inneren Felder die Seelenlandschaft. Hier habe ich meinen inneren Garten, meine Wohlfühlhöhle, Quellen zum Baden und Entspannen, magische Wälder....
Darum liebe ich es, Meditationen zu schreiben und zu führen, denn hier kann ich mir selbst und anderen Menschen ermöglichen, abzutauchen und einfach mal zu sein.
Und wie Artali es sagt: Kraft zu tanken in unseren inneren Feldern.

Marlon:
Genau wie bei Michaela, so will es der Zufall, erwarte ich heute viel von mir. Auch sonst bin ich voller Tatendrang und überall anzutreten. Bis jetzt hat mir das tägliche Chanten und/oder Meditieren geholfen, wieder bei mir anzukommen. Ganz gespannt begebe ich mich nun in die von Artali vorgeschlagene Meditation.
Ich suchte das Feld der Balance und jenes der Ruhe. Sobald ich in meiner mir bekannten Landschaft herumging, spürte ich, wie der Boden eisig wurde. Danach kam nicht mehr viel. Nur, dass ich statt 5 Minuten, ganz 2 Stunden weggedöst bin.

„Das hat's wohl gebraucht", dachte ich für mich und bin nun motiviert, den Tag „erneut" und „erneuert" in Angriff zu nehmen.
(Ein paar Tage später)
Ich habe nun immer Mal wieder diese kurze Meditation gemacht und bemerke, dass es manchmal weniger als 5 Minuten braucht bis zum gewünschten Effekt.

Anita

Für mich ist es sehr wichtig, in meine inneren Räume regelmässig abzutauchen und zu mir zu kommen. Im Büro öffne ich die Fenster, summe oder singe vor mich hin, hole einen Kaffee oder Tee, bewege mich gezielt und nehme meinen Körper wahr. Mit Meditationen gelange ich in meine inneren Welten, da hole ich viel Kraft. Auch das Schreiben führt mich zu mir, lässt mich innere Welten entdecken und Distanz erhalten vom Weltgeschehen. Ich nehme viele Gelegenheiten wahr, um zu mir zu kommen. Dazu zählen zum Beispiel Spaziergänge, schöne Orte, auch Auto- und Zugfahrten. Wenn die persönliche Situation mich zu stark aus dem Häuschen bringt, brauche ich Hilfsmittel, um in die Ruhe zu kommen und in meinem Inneren Halt zu finden. Da bin ich dankbar für die SOS-Bachblüten, Beruhigungstees und, je nach Thema, Unterstützung von einer Vertrauensperson.

Karin Sönning

Gerade jetzt in der Weihnachtszeit und während der Betriebsferien in der Firma, komme ich viel mehr zur Ruhe, bedeutet nicht unbedingt, dass ich entspannter bin, es kann auch ein Frust hochkommen, vielleicht eher die Erkenntnis wie man sich vom Aussen stressen lässt und dies löst vielleicht im ersten Moment ein negatives Gefühl aus. Spaziergänge im Wald oder manchmal auch einfach für einige Minuten auf dem Bett sitzen und scheinbar nichts tun, bringt die grösste Entspannung und Auszeit.

Deine Wahrnehmung:

JULIA MOLL

Kapitel 5 – überglückliches Sein

Artali

Ich möchte euch jetzt in ein bestimmtes Feld führen: Das Feld des überglücklichen Seins.
Wahrscheinlich denkt ihr nun, bei mir ist es die Wiese oder die Futterkammer, doch hier denkt ihr viel zu oberflächlich. Denn in das Feld des überglücklichen Seins gelangt ihr nur über das Feld Wohlbefinden. Pures Glück könnt ihr empfinden, wenn all eure Bedürfnisse in euch selbst gestillt sind. Wenn ich mich absolut wohlfühle, voller Energie bin, so richtig von Innen gefüllt bin, von mir selbst erfüllt bin, dann kann ich pures Glück empfinden. Die Energie will sich dann zeigen, will Funken sprühen. Für mich ist ein Ausdruck voller Freude, wenn ich frei galoppieren kann und dabei den Kopf schütteln oder auch den Hintern verwerfen kann. So ein befreiendes Bocken, ein Stehen bleiben mit hocherhobenem Kopf und dabei abschnauben. Mein inneres Licht leuchtet dann aus meinen Augen, ich bin pure Freude und Energie. Und dann auf der Hinterhand abdrehen und davon galoppieren. Dann bin ich einfach Freude und erlebe pures Glück.
Hast du auch so ein Feld in dir?
Wie zeigt sich dir das Gefühl von purem Glück?

Es kann auch weniger energetisch sein, das erlebe ich auch. Ein ruhiges Glück. Eine tiefe Zufriedenheit. Ein inneres Feld, in dem ich die Energie einfach geniesse. Es ist ein passiv/aktives Glück. Dieses Feld ist Sonne, sanfte Brise und Ruhe. Lebendigkeit, jedoch ohne aktive Energie, keine heisse Sonne, kein kräftiger Wind, keine Unruhe um mich herum. Und als Gefühl ist es für mich das Gegenseitige kraulen, den Widerrist durchzukneten eines anderen Pferdes. Oder mit meinem Menschen im Einklang spazieren, beide in ihrer Energie und am Geniessen.

Der Raum des puren Glückes, des überglücklichen Seins, kann ruhig oder energetisch sein. Und es entsteht immer aus dem Feld des inneren Wohlfühlens. Dieses Feld nährt euch auf einer tiefen Ebene, so dass die überschäumende Energie auf ruhige Weise mit anderen geteilt werden kann, erst in eurem inneren Feld und dann im realen Leben, im äusseren Feld.

Darf ich euch dies am Beispiel der gegenseitigen Fellpflege erklären?

Ich fühle mich innerlich genährt, bin voller sanfter passiv/aktiver Energie und diese will ich jetzt nach Aussen tragen. Nicht um zu gefallen oder zu beeindrucken, sondern, weil diese Energie in Überfluss in mir vorhanden ist und ich diese teilen möchte. Ich sehe mich in meiner Herde um, und spüre, welches andere Pferd gerade diese Energie mit mir teilen möchte. Und so kann ich meine innere Fülle mit anderen teilen.

Und wenn dies echt ist, wenn diese Energie wirklich aus dir überfliesst, passiert das eigentliche Wunder: Du erhältst noch mehr Energie, durch das Teilen deiner überfliessenden Energie wird dein Feld der Wertschätzung genährt.

Kannst du dir das vorstellen?

Du teilst, was in deinem Inneren im Überfluss vorhanden ist und kannst so im Aussen wahre Verbindungen erfahren oder knüpfen. Dies ist dann die nährende Energie, die wir aus dem Aussen erhalten können. Und zwar nicht aus einem Gefühl des Mangels heraus, sondern aus dem Gefühl des in unseren Feldern im Überfluss genährt zu werden.

Meine Wahrheit ist, dass dies der gesunde Weg ist. Im Inneren auf allen Ebenen genährt und die überschüssige Energie nach Aussen fliessen lassen und von aussen wieder genährt werden. Und doch werde ich dieser Theorie schon bald widersprechen, denn es ist eben immer sowohl als auch.

Ach ja, fragt ihr euch, wie meine aktive, übersprudelnde Energie das Aussen nährt?
Das geschieht auf vielen Ebenen. Einerseits setzt die freigesetzte Energie durch mein Herumtoben in meinem Körper Endorphine frei, zum anderen kann ich im besten Falle meine Herdenmitglieder motivieren, mitzumachen. Hier schenken wir uns gegenseitig Energie, das innere Feld nährt das Äussere und dadurch kann das innere Feld wieder vom Aussen genährt werden
Zu kompliziert?

Hast du schon mal einem Pferd oder Pferden beim Spielen und Toben auf der Weide zugesehen? Was hat dies mit dir gemacht? Oder deinen Hund beim Spielen beobachtet?
Die überschäumende Freude, diese Energie, die von den inneren Feldern nach aussen strömt, schenkt dir dies nicht Energie und Freude?

Michaela

Ich kann nachvollziehen, wie diese innere Fülle, dieses pure Glück mich erreichen kann, wenn ich Artali beim Toben zusehe oder bei der Fellpflege mit einem Stallkollegen. Beides macht mich glücklich, nährt etwas in meinem Inneren.

Doch wie fühlt sich mein inneres Feld des überglücklichen Seins an?
Tatsächlich sind es für mich viele Momente im Aussen, die mir hier in den Sinn kommen. Ein wunderschöner Ort in der Natur, meine Tiere in ihrem Glück zu beobachten. Doch das ist ja dann das Nähren meines Feldes aus dem Aussen.
Wenn ich auf allen Ebenen genährt bin, ich überfliessende Energie aus meinen inneren Feldern habe, dann werde ich kreativ. Ich bepflanze oder gestalte meinen Garten, ich nehme eine Meditation auf, die ich mit anderen teilen kann, ich kreiere magische Geschenke. Ich teile diese Energie sehr gerne mit dem Aussen.
Mir schenkt dies tatsächlich wieder Energie, es fliesst wieder Energie zu mir zurück, weil ich mit meiner überfliessenden Energie andere, so hoffe ich, nähren konnte.

Marlon

Das Feld des überglücklichen Seins ist für mich ein Gemisch aus einer Kindheitserinnerung und einem unbekannten Ort. Ich liege in Gedanken, wenn ich mir dies vorstelle, einfach auf dem weichen Grasboden und schaue in die Wolken.
Verschiedenste Formen und Farben sind zu sehen und der Wind rauscht sanft über den Boden. Meine Füsse werden von einem Feuer gewärmt und das Rauschen des Windes und das Knistern des Feuers wird vom Plätschern eines Baches begleitet.
Im Nachhinein erkenne ich nun, dass alle 4 Elemente vorhanden sind. Womöglich helfen die Elemente mir beim Entspannen.

Dies spiegelt sich auch im irdischen Dasein wider. Es ähnelt sehr meiner Traumvorstellung von einem Tag: Einfach daliegen, gewärmt werden und die Natur beobachten.
Bei meiner Hündin darf ich täglich, eigentlich sogar mehrmals täglich, überschäumende Freude erkennen. Sie wirkt dann so erfreut, glücklich und im Moment angekommen. Manchmal kann mich das auch überfordern, besonders wenn ich nicht gerade in meiner Energie oder in meinem Sein bin.
Ich freue mich jedoch sehr, da ich dieses unglaubliche Geschenk wegen Artali nun erkenne, von ihr zu lernen.

Anita

Im Inneren gelange ich durch Mediation, Tagträumereien oder schöne Erinnerungen an dieses Gefühl. Es ist dann verbunden mit einem wohligen Gefühl im ganzen Körper. Eigentlich finde ich es fast ein wenig anstrengend, weil es – noch – nicht lange anhält.
Das Feld des überglücklichen Seins suche ich manchmal bewusst im Aussen. So entscheide ich mich für einen sicheren Ort, wo sich unsere Hunde richtig austoben und spielen können. Ihr Glück ist dann auch mein Glück.
Oder ich habe Kraftorte, die mich glücklich machen. Diese kann ich vor Ort besuchen oder im Geiste.

Karin Sönning

Die Vorstellung den Pferden auf der Weide zuzusehen, wie sie grasen oder auch umher toben oder dem Hund beim Spielen, wenn er voller Freude das Spielzeug bringt und erwartet, dass man es wirft, das alles lässt sofort ein Glücksgefühl in mir aufkommen. Meine Liebsten glücklich zu sehen, das nährt mich von aussen.

Ich frage mich gerade ob es ein Glücksgefühl nur von Innen gibt, es ist irgendwie immer mit dem Aussen verknüpft. Erlebnisse lassen Dich glücklich werden und dann scheint das Glück von Innen zu kommen, bin da gerade am Sinnieren darüber, woher das Glück kommt.......

Deine Wahrnehmung:

JULIA MOLL

Kapitel 6 – Nähre dich selbst

Artali

Jetzt habe ich dir viel über innere Räume und Felder erzählt und wie wichtig es ist, uns in uns selbst zu nähren. Und wie wir so die äusseren Felder aus der Fülle heraus nähren können. Dies wäre der Idealfall, doch die Realität ist so viel komplexer.
Wenn du eine liebevolle Kindheit hattest, oft gelobt wurdest, wertgeschätzt wurdest für das, wer und wie du bist, dann hast du gute Voraussetzungen, dich aus deinen inneren Feldern selbst zu nähren. Doch den Samen dazu wurde vom Aussen gesetzt, durch Menschen in deinem Umfeld.
Du bist nun prädestiniert, diese Energie/Samen anderen Menschen aus deiner inneren Fülle heraus weiterzugeben.
Doch wie viele von euch haben dies so erfahren? Irgendwann hat das Aussen dich wahrscheinlich klein gemacht, dir gesagt, dass du nicht in Ordnung bist, so wie du bist.

Für dich lasse ich dieses Buch von Michaela schreiben, denn es ist nicht zu spät. Auch du selbst kannst diesen Samen in dir setzen. Vielleicht denkt ihr, dass ein Pferd davon gar nichts wissen kann. Glaubt mir, so sollte es auch sein. Denn wir werden von der Kraft der Natur genährt, durch unsere Mütter, durch unsere Herde, einfach gesagt: durch unser natürliches Sein.

Doch hier kommt der Bruch, die traurige Wahrheit und das seid ihr Menschen. Der Mensch entscheidet, wann das Fohlen von der Mutter getrennt wird, nicht der natürliche Zyklus. Der Mensch entscheidet, uns aus der Herde zu nehmen, wenn wir denn eine hatten und mit gleichaltrigen zusammen zu tun. Der Mensch entscheidet, wie viel Natur wir erfahren und leben dürfen. Der Mensch schneidet uns von unseren inneren Feldern ab. Trennt uns von dem energetischen Feedback, welches wir so dringend benötigen.

Ich hatte grosses Glück. Zwar etwas zu früh von der Mutter getrennt, aber dies geschieht fast allen Pferden. Doch ich durfte in einer gemischten Herde aufwachsen, mit Stuten und Wallachen in verschiedenen Altersstufen. Mein Leben lang durfte ich im Offenstall leben, mit dem Feedback der Natur. Mit dem Himmel über mir, der Erde unter mir. Dem Wind in der Nase, der Sonne auf dem Fell und mit meiner Herde. Dies hat mich befähigt, meine inneren Felder zu pflegen.
Stellt euch nun ein Jungpferd vor, womöglich noch mit guter Abstammung. Oft können genau diese Pferde die inneren Felder nicht nähren. Zu wertvoll, um frei auf der Weide zu toben. Besser in einer sicheren Box aufgehoben. Vor dem Wetter geschützt, welches sie eigentlich nähren würde. Besser nicht mit anderen Pferden zusammen, die Verletzungsgefahr ist zu hoch. Und schon verdorren die inneren Felder.
Dafür sind sie ja so lernwillig, so abhängig vom Lob ihres Menschen. Denn das benötigte energetische Feedback kommt dann ja vor allem vom Menschen.

Hoffen wir mal, dass dieser Mensch über gute innere Felder verfügt. Doch seit mal ehrlich, wenn es so wäre, würde er dann sein Pferd isolieren und in einer Box halten?

Pferde sind Herdentiere, bewegungsfreudig und schlafen nicht in Höhlen. Aber viele Menschen kennen es nicht besser, denn genauso wurden sie gross. Durften nicht ihr natürliches Feedback erhalten. Eltern, welche zu wenig Zeit hatten, oder zu streng waren, zu hohe Ansprüche an ihr Kind stellten. Auch sie wurden in ihrem wahren Sein begrenzt, konnten nicht das Feedback der Natur einatmen, sich nicht so Bewegen, wie es ihnen entsprach. Mussten Normen genügen, die nicht ihre waren.
Ihr seht, wenn die inneren Felder des Menschen nicht belebt sind, kann er diese Fülle kaum ins Aussen fliessen lassen. Es ist kein Überschuss da, den sie teilen könnten. Für mich ist dies das Problem der Menschheit, zumindest aus meiner Sicht.
Mit dem Lesen dieses Buches, dem Lauschen meiner einfachen Weisheit, erhoffe ich mir, dass jeder von euch zumindest darüber nachdenkt, den Samen für belebte Felder in euch selbst zu setzen.

Michaela

Ich weiss kaum, was ich sagen soll. Auf einer tiefen Ebene kann ich die Wahrheit dieser obigen Worte verstehen. Der Gedanke oder das Gefühl, dass der Mensch innerlich verhungert und darum das Aussen verhungern lässt, ist mir nicht fremd. Ich hätte es eher so benannt, dass der Mensch die Rückverbindung mit der Natur und den Tieren verloren hat. Dass er nicht mehr wertschätzen kann, wie viel die Natur und die Tiere uns zurückgeben. Und deswegen diese so behandelt, wie er es tut.

Ich erhalte so viel Energie, so viel Freude durch die Natur und die Tiere, dass ich diese zurückgeben möchte. Ich versuche sowohl meinen Tieren wie der Natur Raum zu schenken, um zu wachsen und zu gedeihen.
Mein Glück war es, dass ich mit Tieren aufwachsen durfte. Ich denke, das hat meine inneren Felder sehr genährt. Meine Kindheit war so wie viele Kindheiten, es gab schöne Momente und Schwierigkeiten. Ich war eher schüchtern und wurde oft gehänselt, doch meine Tiere haben mich geliebt, so wie ich war.
Meinen Eltern habe ich wenig erzählt, den Tieren dafür alles. Ich bin so dankbar dafür, dass sie in meinem Leben waren und immer noch sind.

Marlon

Durch liebevolle Eltern erzogen und im Leben begleitet ist meine Basis. Noch heute profitiere ich davon. Meine Felder, auch wenn wieder mal ein Sturm vorbeizog, erholen sich schnell. Auch durch das ausnahmslose Leben auf der Erde mit Tieren habe ich gelernt, dass man auch mal die kleinen Dinge schätzen kann und seit dem letzten Kapitel auch, dass die kleinen Dinge riesige Freude bringen können.

Ich denke, dass wir alle zu „Findende“ statt „Suchende“ werden müssen. So werden wir die nötigen Teile finden und unsere Böden, wörtlich im spirituellen und irdischen Sinne gemeint, erneut bepflanzen. Wenn die Felder trocken sind oder die Räume/Felder der Menschen immer weiter auseinander gehen, so werden auch die Menschen lauter. Wie bei Konflikten, wenn zwei oder mehr Personen sich anschreien, sage ich dann immer:

„Diese Menschen fühlen sich so weit voneinander entfernt, dass sie schreien müssen. Das muss wohl für beide Seiten schmerzerfüllt sein."
Dass die Menschen solche Dinge, wie sie Artali beschreibt, entscheiden, liegt womöglich daran, dass wir leider unsere emotionale Intelligenz verloren haben. Das schöne am Verlieren und nicht merken: Sobald Mann/Frau es wieder hat, ist es von unschätzbarem Wert.
Ich verstehe die Aufforderung von Artali nun auf einer tieferen Ebene. Es gilt nicht nur die Räume zu erforschen, zu füllen und zu nutzen. Sondern uns wieder einmal mehr in der schwierigsten Disziplin im Leben zu widmen: Warten. Vertrauen in den Prozess entwickeln und auch mal eine „dunkle Nacht" in unserem Inneren (grenzenlosen) Raum aushalten.
So bald wird Finder*innen werden, so werden wir auch als Mensch und spirituelles Wesen weiterkommen.

Anita

Das ist ein sehr wichtiges Thema für mich. Salopp gesagt stehe ich für die These, dass es keinen Krieg, keine Hungersnöte, keine Tierquälereien etc. auf der Erde geben würde. Für mich ist es ein Energiediebstahl im grossen Masse. Wenn jeder Mensch sich selbst innerlich erfüllen kann, braucht er nicht im Aussen ihm nicht zustehende Energien zu klauen. Die Aufgabe des Menschen ist es ja gerade, sich der inneren Lichträume bewusst zu sein, diese stets aufzufüllen und in die Welt fliessen zu lassen. So kann Heilung geschehen.

Karin Sönning

Es macht mich traurig, wenn ich darüber nachdenke, was der Mensch alles zerstören kann, nur mit Unwissen und Überheblichkeit, da wir denken zu wissen, was für wen gut ist und was nicht, ohne zu fragen, ob es denn auch so ist, einfach weil wir es so gelernt haben. Würden wir alle mit Liebe und Empathie aufwachsen, könnte uns dies nicht passieren, dass wir über Bedürfnisse anderer hinwegsehen.

Frage an Artali, habe ich Deine Worte richtig verstanden?
Ja, denke gross, Deine innere Welt ist unendlich, das Potential daraus auch. Wir sind mit allem verbunden, was ist, stell Dir diese Möglichkeiten vor, das Wissen, dass Dir/Euch zur Verfügung steht, aber nur wenn ihr das grosse ganze erfasst habt, steht auch dies Euch zur Verfügung, ansonsten knabbert ihr an einem kleinen Krümmel oder blättert in einem Buch mit unzähligen Seiten immer auf den ersten beiden Seiten hin und her.

Deine Wahrnehmung:

JULIA MOLL

Kapitel 7 - Anerkennung

Artali

Es gibt mehrere Wege, den Samen wieder in eure inneren Felder zu tragen. Zum einen die Rückverbindung mit der Natur und ihren Wesen. Wenn du im realen Leben Samen säst für insektenfreundliche Blumen, dich an ihrem Wachsen erfreust und dann glücklich die Bienen und andere Insekten beobachtest. Du dich freust, dass du Nahrung geschaffen hast für Insekten und somit für Vögel, Igel und viele andere Tiere, dann bekommst du ein Feedback in deine Felder, welche sie belebt.
Es geht im Grunde darum, ohne direkten eigenen Nutzen, Dinge im äusseren Feld zu leben, die anderen Freude bereiten. Nur schon die Wertschätzung wieder nach Aussen fliessen zu lassen. Ein Dank, ein Bitte, ein guten Morgen oder ähnliches, nährt andere und dadurch wieder deine inneren Felder. Im Grunde so einfach, doch in einer Welt, wo so vieles einfach selbstverständlich ist, ist dies ein energetisches Geschenk.

Michaela bedankt sich immer bei mir: Ich gebe ihr die Hufe, sie sagt Danke. Ich weiche, sie sagt Danke. Das zeigt mir, dass sie dies nicht als selbstverständlich nimmt, sie fragt mich an und anerkennt, dass es schön ist, dass ich dieser Bitte folge.
Keine Angst, es ist nicht so, dass sie sich nicht auch durchsetzt. Aber selbst wenn sie mal etwas energischer auf etwas besteht, sagt sie danach Danke. Na ja, nicht immer mit der gleichen Wertschätzung in der Stimme, aber das Danke kommt.

Sie sagt mir oft „Ich liebe dich“ und dies auch gerade in schwierigen Situationen, wo ich sie nerve. Doch wenn sie erkennt, dass ich gerade nicht in meiner Mitte bin, dann legt sie oft die Stirn an meine Nüstern und sagt mir, dass sie mich liebt. Das erdet mich mehr als alles andere.

Auch beim Reiten, wenn ich nervös werde und es nicht einfach Ungeduld ist, lehnt sie sich vor, streicht über meinen Hals und sagt mir: Ich liebe dich.
Meist reicht danach, eine kleine Korrektur und ich bin wieder bei mir und bei ihr.

Wir können uns aber auch gegenseitig hochschaukeln und das nicht zum Guten, doch das erzähle ich vielleicht später in diesem Buch. Auch wenn Michaela gerade die Stirne runzelt.

Aber wieder zurück, zu dem, was ich euch aufzeigen möchte und der Erkenntnis, was ihr damit anfangen könnt, dass ihr etwas in Bewegung setzen könnt.
Denn wenn ihr im Aussen eure Wertschätzung für die Natur, für eine Dienstleistung eines Menschen oder manchmal einfach nur, weil jemand an euerer Seit ist, kundtut, öffnet sich ein Kreislauf. Energie fliesst zu euch zurück, nährt eure Felder aus euch selbst heraus.
Ich glaube, das muss ich nochmals betonen: Eure Felder können von der Wertschätzung von anderen genährt werden, das ist ein Weg. Doch das schöne ist, dass ihr nicht davon abhängig seid. Dadurch, dass ihr, weil ihr selbst Wertschätzung zeigt, in Worten oder Taten, ihr eure Felder selbst nährt.

Vielleicht müsst ihr diesen Gedanken erstmal wirken lassen.

Wartet nicht darauf, dass euch andere nähren, sondern beginnt andere zu nähren!
Alles andere ist alte Energie, erschaffen von einem fehlgeleiteten Verstehen, oder dem Verlernt haben, die Zusammenhänge zu verstehen.
Niemals fordere ich Liebe ein, oder verlange Wertschätzung. Ich bin bei mir, in meiner inneren Fülle und ohne mein Zutun, einfach durch mein Sein, meine Ausstrahlung erhalte ich Liebe und Wertschätzung. Und manchmal, wie vorher beschrieben, nicht weil ich etwas „richtig“ gemacht habe, sondern weil ich in diesem Moment ein: Ich liebe dich brauche.

Ich liebe euch, denn ich spüre euch. Fühlt euch von mir geliebt, denn das tue ich.

Michaela

Ich schreibe diese Rückmeldung immer gleich nach dem „Channeling“ von Artali auf. Doch bin ich gerade echt sprachlos. Es wurde mir erst jetzt bewusst, dass ich das mit dem: Ich liebe dich, sehr oft an Tiere und die Natur richte. Hier fühle ich manchmal einfach so eine tiefe Freude, dass diese Wunder um mich herum sind.
In der gleichen Intensität einem Menschen sagen, dass ich ihn Liebe, das tue ich selten. Meinen Kindern habe ich es gesagt, als sie klein waren und ich merke gerade, dass ich es immer noch tue, einfach etwas weniger häufig. Weil sie dann oft das Gesicht verziehen, diese jungen Erwachsenen, die mal meine Kinder waren.

25 Jahre verheiratet, und die Erkenntnis, dass ich es kaum noch meinem Mann sage. Ich habe es früher oft gesagt, doch mein Mann sagte mir mal: Er fühle sich dann unter Druck, es mir auch sagen zu müssen. Also habe ich es mit der Zeit sein lassen.
Und wie Artali es beschrieben hat, finde ich Danke sagen sehr wichtig. Ich sage es dem Buschauffeur*in, oder an der Kasse im Supermarkt. Ich lächle meine Gegenüber an, bedanke mich für eine nette Bedienung. Und ja, ich Grüsse fremde Menschen und das auch in der Stadt. Da habe ich gelernt, mich etwas zu bremsen. Doch die wenigen, die lächeln und zurückgrüssen sind es dann doch wert.
Ich denke, ich darf noch am Rückfluss dieser Energie in meine Felder arbeiten. Denn ich habe Mühe, ein Dank oder ein Lob anzunehmen.
Vielleicht hat Artali später dazu noch einen Impuls.

Anita

Für mich passt die Redewendung «Geben ist seliger als Nehmen» sehr gut. Geben ist für mich so einfach und ich mache das richtig gerne. Dabei erwarte ich nichts zurück. Im Gegenteil, mit Annehmen habe ich eher Mühe. Mit Artali sehe ich jetzt das Bild etwas anders, wenn ich Wildblumen säe, nehme ich das Gedeihen der Natur ja liebend gerne zur Kenntnis. Das kann ich gut Annehmen, da ist der Austausch stimmig.
Auch kann ich meines Erachtens Menschen und Tiere gut emotional erfassen und ihnen oft das offerieren, was sie gerade wirklich brauchen.

Wenn ich gerade im Dankbarkeitsflow bin, kann ich so richtig in mir aufgehen, fröhlich sein. Die Liste, wofür ich dankbar bin, wird immer länger. Dieser Fokus hilft mir für meine Balance, um den schwierigeren Lebensthemen das Gewicht auszugleichen.

Marlon

Zu deinen Sätzen, lieber Artali, kommen wir vor allem zwei uralte Grundsätze in den Sinn. Zum einen, „Whats goes around comes around.“ Und „Du erntest, was du gesät hast.“
Ich darf seit einigen Monaten merken, dass vieles Wahr ist, was ich früher als „Philosophisches“ Trara abgestempelt habe. Ja, was wir säen und von uns aussenden, kommt in einer Form wieder zurück.
Ein für mich zentraler Punkt des Textes ist, dass man nicht darauf warten sollte, genährt zu werden, sondern selbst die Initiative ergreifen muss, um andere zu nähren. Dadurch schliesst sich ein Kreislauf, der letztendlich auch das eigene innere Feld stärkt. Liebe und Wertschätzung sollten nicht eingefordert werden, sondern entstehen natürlich, wenn man selbst in einem Zustand der Fülle ist.

Karin

Wenn ich darüber nachdenke, kommt mir das Wort Nahrung in den Sinn. Nahrung brauchen wir zum Leben. So ist es doch auch mit den eigenen Feldern nähren, auch diese brauchen wir zum Leben, dass das Leben sinnvoll ist. Geben und Nehmen im ständigen Wechselspiel so nähren wir uns und andere. Nicht warten einfach loslegen und GEBEN.

Deine Wahrnehmung:

JULIA MOLL

Kapitel 8 – Trauer und Wut

Artali

Du trägst in dir das Feld der übersprudelnden Freude und das Feld des stillen Glücks. Hier gedeihen deine Samen, hier gedeiht deine Energie. Doch in dir gibt es auch die Felder der Wut und der Trauer. Welches davon spricht dich gerade mehr an? In welches zieht es dich? Wie sieht es für dich aus, wie fühlt es sich an?

Dies sind Felder, die in mir kaum ausgeprägt sind. Warum sollte ich ein Feld der Wut in mir nähren? Das macht für mich keinen Sinn. Das Feld der Trauer hingegen ist mit dem Feld des stillen Glücks verbunden. Denn um zu trauern, muss dieser Verlust mich einst glücklich gemacht haben. So lasse ich diese Freude in meinem Feld des stillen Glücks erblühen, und die Trauer ist ihr Dünger.

Frage dich, warum du selbst das Feld der Wut oder der Trauer nährst? Warum tust du dies?

Ich kenne kein anderes Wesen als den Menschen, welches diese Felder nährt.

Manchmal erschaffen äussere Umstände Aggression oder Depression, doch dies vereinnahmt, dies geschieht mit einem. Doch das Feld der Wut wird genährt durchweitere Wut, die ihr selbst erzeugt. Das Feld der Trauer wird oft genährt durch das Bemitleiden deiner Selbst, das Betrauern deines Verlusts. Dies darf geschehen, doch hege es nicht in dir. Bring es in dein Feld des stillen Glücks, hier dürfen auch Tränen fliessen, doch hier trauerst du auf einer gesunden emotionalen Ebene.

Auch wir Pferde kennen das Gefühl des Verlustes, wir kennen Trauer. Wir gehen einfach anders damit um als die meisten Menschen.

Ich möchte dir folgenden Gedanken schenken: Im Feld des stillen Glückes wachsen die schönen Erinnerungen, sie beleben dieses Feld, gestalten es mit. Erinnerungen liegen immer in der Vergangenheit und doch nähren sie unser Feld des stillen Glückes. So kann auch ein Verlust dieses Feld mit stillem Glück füllen.

Das Feld der Wut hingegen nehme ich als verbrannte Erde wahr. Egal was hier wachsen oder gedeihen möchte, es wird von der Wut niedergebrannt. Die alte, die ursprüngliche Wut brennt auf diesem Feld und wird durch neue Wut immer wieder genährt.

Wo ist der Ursprung deiner inneren Wut? Auf welchem Gefühl wurde sie aufgebaut? Angst? Verlust? Verzweiflung? Frust? Die Liste ist fast endlos.

Welches Feld kannst du in deinem inneren besuchen, um heil zu werden? Das Feld der Geborgenheit? Das Feld der Ruhe? Der Kraft?

Gehe diesem Gedanken nach. Das Feuer der Wut kannst du mit dem richtigen Energiefeld löschen. Es braucht Zeit, doch es ist möglich.

Verwechsle Wut nicht mit Aggression, denn dies ist eine natürliche Kraft, die auch wir Tiere kennen. Doch sie ist nicht nachtragend, sondern kommt aus dem Jetzt, als direkte Antwort auf das Aussen. Auch Aggression kann sich etablieren, doch dann wurden über eine lange Zeit die Grenzen nicht respektiert, welches jedes Lebewesen um sich herum braucht. Dein eigener Raum muss respektiert werden.

Je stärker deine inneren Felder sind, je farbiger, je weiter, um so geschützter ist dein Raum.

Michaela

Mit Trauer kann ich sehr gut umgehen, ich verstehe den Gedanken, dass sie im Feld des stillen Glücks ihren Raum findet und heilen kann.

Leider finde ich in mir das Feld der Wut, oder wie Artali noch sagt: Das Feld der verbrannten Erde.

Wo begann dieses Feuer in mir zu schwelen? Mein erster Gedanke ist beim Gefühl Verzweiflung. Das Gefühl etwas nicht lösen zu können, hilflos zusehen zu müssen, wenn etwas schiefläuft oder noch schlimmer, wenn Menschen, Tiere oder die Natur leiden müssen.

Ah ja, hier kommt noch das Gefühl der Hilflosigkeit dazu, der Ohnmacht.

Doch welches Feld ist hier die Heilung?

Ich lande in der Energie des Urvertrauens, die meiner Meinung nach bei mir doch sehr ausgeprägt ist. Und doch denke ich, ich sehe mir mein inneres Feld des Urvertrauens mal genauer an.

Anita

Äussere Ereignisse und Umstände können mich sehr traurig machen. Manchmal könnte man auch von Verzweiflung reden. Dies insbesondere, wenn es um schwierige, fast aussichtslose Themen geht.

Mittlerweile versuche ich, dass ich nicht zu lange stecken bleibe in einem solchen Tief und versuche, auch im Aussen etwas zu bewirken. So schicke ich Licht, mache eine kleine Spende, zünde eine Kerze an oder handle, wo's direkt geht. Jetzt werde ich gerne die Anregung von Artali ausprobieren und meine inneren Felder mit einbeziehen. So geschieht wohl eher Heilung als wenn ich den Schmerz fast nicht ertrage und nur im Aussen etwas bewirke. Ich kann mir vorstellen, dass ich mich mit diesen neuen Gedanken nicht mehr so ausgeliefert fühle.

Das Wut-Thema ist bei mir entweder sehr tief vergraben oder eben nicht so präsent. Ich kann wütend sein, keine Frage. Jedoch erscheint es mir situationsbezogen und nach Möglichkeit muss dann die Wut auch raus. Oft reicht es sogar, dass ich mir der Wut bewusst bin, sodass ich das für mich lösen kann. Ich würde von mir sagen, dass ich sie in meinen inneren Feldern nicht nähre.

Marlon

Instinktiv zog es mich bei deiner ersten Frage ins Feld der Wut und Trauer. Wieso? Habe ich mich also gefragt. Nun, so simpel wie es klingt: Es scheints so, als würde es schneller Energie bringen. Womöglich entscheiden sich gerade deshalb viele Menschen schnell zu diesem Energiefeld.
Für mich sieht das Feld wie eine in sich drehende Kugel aus. Es donnert und vermittelt viel Spannung.

Das Feld des stillen Glücks, an das ich nach dem donnernden Übel denke, ist für mich markant ruhig. Ruhe trotz plätscherndem Wasser, leisem Wind in den Ohren und singende Tiere. Es wirkt machtvoll und es scheint, dass die Energie hier langsamer fliesst. Je länger ich in diesen Gedanken bleibe, desto ruhiger und ausgeglichener nehme ich mich wahr.

Um nochmals auf die Frage einzugehen, wieso ich dieses Feld nähre? Weil es zum einen vertraut ist und zum anderen aus meiner Sicht intensiver auf mich reagiert. Manchmal suche ich womöglich einen Kick, wo eigentlich Ruhe gebraucht wird.

Besonders interessant ist die Differenzierung zwischen Wut und Aggression: Während Aggression als natürliche, gegenwärtige Reaktion auf das Aussen beschrieben wird, kann Wut tiefer verwurzelt sein und sich über längere Zeit aufbauen. Aggression wird nur dann problematisch, wenn über längere Zeit persönliche Grenzen missachtet wurden.

Ich denke, dass ich mich noch mehr auf die bewusste Bewässerung meiner inneren Felder achten darf.

Karin

Mich zieht es im Moment in das Feld der Trauer. Wie von Artali gesagt, ist das mit dem Feld des stillen Glücks verbunden. Das Gefühl der Trauer wird ausgelöst durch einen möglichen Verlust, der evt. kommen könnte und davor fürchtet man sich. Deshalb die Trauer, für andere wäre es vielleicht Wut. Die Sorge um das Morgen.

Deine Wahrnehmung:

Kapitel 9 – Feld der Liebe

Artali

Habt ihr es bemerkt? Das offensichtlichste Feld habe ich mit euch noch nicht betreten: das Feld der Liebe.
Ich beginne damit, wie mein Feld der Liebe aussieht und sich anfühlt. Es hat genau die richtige Temperatur, es duftet nach süssem Heu und würzigen Kräutern, die Luft ist weich, die Melodie der Natur ist sanft und fröhlich. Vom Bild her verändert sich dieses Feld stark, doch es ist immer Natur, denn die Verbindung zur Erde ist meine erste und stärkste Liebe. Denn ich bin Natur und die Natur ist mich. Hier fühle ich mich geliebt und liebe mit vollem Herzen zurück.
Dann gibt es Bilder mit der Herde, die Liebe zu diesem Feld purer Energie, diese Melodie von verschiedenen Individuen, die manchmal schön und manchmal chaotisch ist.
Oder es ist eine streichelnde Hand, die sanft ist und es geniesst, mich zu berühren.
Das Feld der Liebe ist für mich vielleicht ganz etwas anderes als für euch. Ihr macht es, so glaube ich, mehr an Menschen oder Tieren fest, ich eher an einem Gefühl der Liebe.
Für mich hat Liebe weniger mit einer Person oder einem anderen Pferd zu tun, sondern wie ich mich fühle in der Begegnung und im Zusammensein. So kann ich Liebe empfinden, wenn an einem kalten Wintertag die Sonne auf mein Fell scheint. Ich atme die klirrende Kälte ein und spüre die Sonne auf dem Fell. Die Liebe zu Gegensätzen und doch ist es in einem Wort: Natur.

Könnt ihr darüber einmal nachdenken? Ist Liebe nicht vielmehr das Gefühl, das ihr in einer Situation empfindet, oder wie ihr euch fühlt, wenn ihr mit einem Menschen oder einem Tier zusammen seid?
Michaela runzelt die ganze Zeit die Stirn und ja, das kann ich fühlen! Ich weiss, dass du mich liebst. Doch es ist mehr als die Liebe zu mir. Es ist, wie du dich fühlst, wenn du mit mir zusammen bist. Und das beinhaltet auch, dass wir zusammen die Natur geniessen.
Ja du liebst deine Kinder, doch vor allem liebst du die Erinnerungen, wie es war, ihnen bei der Entwicklung zuzusehen, wie es sich anfühlte, sie um dich zu haben.
Wie es war, so eine Liebe zu spüren.
Wie sehr ihr Menschen, Tiere oder Dinge liebt, hat damit zu tun, wie ihr euch fühlt. Die Natur zu lieben hat viel damit zu tun, welches Gefühl, welchen Zustand sie bei dir auslöst.
Versteht mich nicht falsch, natürlich liebt ihr die Person, das Tier, einen Ort oder ähnliches. Doch, dass ihr dies liebt, hat damit zu tun, wie es euch fühlen lässt, welche Gefühle in euch hervorgerufen werden.
Ja, denkt nur mal darüber nach.
Wie sieht denn dein Feld der Liebe aus? Wie fühlt es sich an?

Vielleicht hilft dir diese Fühl-Bild besser zu verstehen, was ich dir aufzeigen möchte.

Michaela

Dies ist der erste Text von Artali, über den ich erst nachdenken musste. Seine Worte haben sehr viel in mir

bewegt und einiges von dem ich glaubte, es zu wissen, an einen anderen Platz gerückt.
Das Feld der Liebe bei mir ist tatsächlich die Natur, dieses All-Eins-Fühlen, das sie mir vermittelt. Gerade im Moment ist es eine Blumenwiese, die Insekten summen, Vögel zwitschern, eine milde Briese, die Sonne scheint. Wolken ziehen leicht über den Himmel. Und in diesem Feld der Liebe habe ich Gäste; meine Familie, meine Tiere und Freunde.
Auch darüber muss ich noch etwas nachdenken- und -fühlen.

Anita

Dieses Kapitel ist für mich schwierig zu beschreiben. Auch musste ich die Botschaft von Artali mehrmals durchlesen. Eigentlich bin ich mir immer noch nicht sicher, ob ich sie richtig erfasst habe.

Das Feld der Liebe hat bei mir wenige Bilder oder Erinnerungen. Es ist wie, von Artali beschrieben, ein Gefühl. Dieses ist wie ein helles Licht, verbunden mit einem tiefen Empfinden, das ich eher fast als unpersönlich umschreiben würde. So liebe ich Mutter Erde zutiefst. Und natürlich auch ihre Fauna und Flora. Ich bin sehr dankbar, dass ich die Erfahrung als Mutter machen durfte und immer noch darf. Gerade meine Kinder haben mir die Erfahrung ermöglicht, tief in die bedingungslose Liebe einzutauchen.

Marlon

Liebe ist vielleicht weniger ein festes Konzept oder eine blosse Idee, sondern vielmehr ein lebendiges Gefühl, das in bestimmten Momenten spürbar wird. Es zeigt sich in der Wärme, die wir empfinden, wenn wir mit einem Menschen oder einem Tier zusammen sind, in der Geborgenheit, die wir erleben, oder in der Freude, die durch eine Verbindung entsteht.

Liebe muss also nicht immer als etwas Grosses oder Überdauerndes definiert werden – vielleicht liegt sie gerade in den kleinen, flüchtigen Momenten, in denen wir uns wirklich gesehen, verstanden und verbunden fühlen. Bei mir ist dies sehr oft mit einem Moment grosse Ruhe verbunden. Auch als ich meinen aktuellen Lieblingsmensch kennenlernen durfte, war alles ruhig, klar und voller Liebe.

Mein Konzept der Liebe, somit auch das Feld, besteht aus mehreren Ebenen:

Geborgenheit, Fürsorge, Nächstenliebe, Achtsamkeit (anderen UND mir gegenüber), Kongruenz und Beziehung. So viel und doch sind es wenige kleine Punkte dieser vielen Ebene, welche bei mir ein solches Gefühl hervorrufen kann.

Karin

Habe mich glaub noch nie mit dem Gefühl der Liebe so wirklich befasst. Es war einfach da, aber warum? Liebe ist .... -wenn ich mich wohl fühle, -wenn ich glücklich bin, -wenn es mir warm ums Herz wird, und so vieles mehr.

Deine Wahrnehmung:

Kapitel 10 – Energiefeld

Artali

Was ich euch mit diesem Buch weitergeben möchte, ist Folgendes:

Die inneren Felder, ob in der Energie der Fülle oder des Mangels, strahlen ihre Energie in euer Energiefeld. Dieses Feld umschliesst alle eure Felder und dehnt sich über euren Körper hinaus aus. In ihm spiegeln sich eure inneren Felder, es ist das, was ihr in die Welt strahlt. Wie sich eure Energie mit den äusseren Feldern verbindet.

Verbindet ihr euch mit den Feldern in der Energie der Fülle, so wird diese sich im Aussen zeigen. Ebenso jedoch auch, wenn ihr in eurem Feld die Energie des Mangels habt, wird sich dies in den äusseren Feldern zeigen und manifestieren.

Es ist ein einfaches Konzept und doch komplex.

Denn es bedeutet, dass die innere Arbeit, mindestens ebenso wichtig ist, wie die sichtbare Arbeit in den äusseren Feldern.

Was sicher ist, je besser eure inneren Felder gepflegt und belebt sind, umso schöner ist eure Ausstrahlung, deine Wirkung auf die äusseren Felder. Und doch ist es wie so oft, nur die halbe Wahrheit.

Wenn ich körperliche Schmerzen habe, so beeinflusst dies meine inneren Felder stark. Es ist mir nur bedingt möglich, mich selbst zu heilen. Zum einen, weil ich nicht immer Zugang habe, zu dem, was wir helfen würde, wie Kräuter oder Ähnlichen. Zum anderen jedoch auch, weil nicht alle Schmerzen offensichtlich sichtbar sind und mein Mensch mich dann auch mal überfordert, wenn ich doch Schonung brauche.

Ich habe einen sehr aufmerksamen Menschen, doch es ist ein Instinkt von uns Tieren, unsere Schwäche nicht zu deutlich zu zeigen und so verbergen wir diesen auch vor unseren Menschen, solange es geht.
Dies ist ein instinktives Verhalten, welches auch ich nur bedingt steuern kann. Es ist ein Überbleibsel aus dem Urwesen Pferd.

So beginnen die äusseren Felder bzw. auch deren Begrenzung, sich auf mein Wohlbefinden auszuwirken, das ich auch mit innerer Arbeit nur bedingt selbst beeinflussen kann.

Oder in eurem Leben geschieht ein Unglück, das wird eure inneren Felder belasten und somit euer Wohlbefinden.

Jedoch hilft mir in jeder Situation meine inneren Felder zu pflegen, so gelangt Heilenergie in mir in Fluss und je mehr ich mit mir selbst, meiner Energie verbunden bin, umso klarer kann ich mit meinem Menschen kommunizieren und ihr mitteilen, wie es mir geht. Sie kann mir dann die Kräuter, Homöopathie oder Energiearbeit anbieten, welche ich brauche, um heil zu werden oder meine Heilung zu unterstützen.

In diesen Moment geht es mir energetisch und körperlich nicht so gut. Ich bin wieder mal zu durchlässig in meiner Energie. Ich reagiere gerade auf das energetische Feedback auf das Buch: Artali – Die Geschichte eines blinden Pferdes.
So viele Emotionen fliessen nur schwach gefiltert in mein Feld, ich überlade meine Energie, dies schlägt mir auf den Magen, eine Schwachstelle meines Körpers.

Und ja, ich sollte es besser wissen! Michaela schützt mich energetisch und unterstützt meinen Magen. Doch es ist mir, dank der Verbindung mit meinem höheren Feld bewusst geworden, wo hier das Problem liegt.
Weil die Energien und Emotionen, die von den äusseren Feldern zu mir fließen und aufgrund meiner Geschichte ausgelöst wurden, fühle ich mich verantwortlich dafür.
Wie dumm von mir zum Thema Abgrenzung kann ich noch viel von meinem Menschen lernen.

Sie hat mir schon zu Beginn gesagt: „Lass diese Energien in den äusseren Feldern, pflücke dir heraus, was dir guttut, was dich freut oder auch mal, was du transformieren kannst. Aber lade dir nicht die Emotionen der Menschen auf, denn es sind ihre. Ja, deine Geschichte wird den einen oder anderen Menschen triggern, berühren oder von ihm auch als belanglos abgestempelt werden. Dies ist alles in Ordnung. Es hat nichts mit dir zu tun. Du erzählst deine Wahrheit, ich habe meine Wahrheit erzählt."

Deswegen wird mir nun gerade wieder bewusst, wie wichtig dieses Feld um euch herum ist. Je besser ihr es mit der ausgewogenen Energie eurer inneren Felder füllt, umso stärker wird es.

Ich habe hier in diesen Tagen gerade einen typischen Fehler begangen, ich habe mich zu sehr in meine inneren Felder zurückgezogen, mein Feld enger um mich herangezogen. So fühlt es sich an, als würde mich der Druck der Energien und Emotionen aus den äusseren Feldern erdrücken. Ich bin, wie ich gerade erkennen kann nicht, „durchlässig“ geworden, sondern habe meinen eigenen Raum eingeengt.

Gerade wenn ihr krank seid oder traurig, zieht ihr euch in eure inneren Felder zurück und das ist gut!
Jedoch vergesst nicht, danach euer Feld wieder auszudehnen!

Jetzt bin ich in ein in meinem Leben aktuelles Thema gerutscht, und doch ist es so passend.

Nochmals, so wichtig es ist, die inneren Felder zu pflegen, genauso wichtig ist es, diese Energie in euer persönliches äusseres Feld fliessen zu lassen.
Ihr Menschen kennt ja die Wahrheit davon, dass das, was ihr Ausstrahlt, anzieht, was ihr aussendet.
Ich bin im innersten ein Heiler, ich möchte heilen und für den Moment habe ich mich darin verloren, zugelassen, dass ich mich selbst übernehme.

Nun atme ich tief ein und beim Ausatmen dehne ich mein äusseres Feld wieder aus. Ich bin der, ich bin.

Michaela

Mir wird wieder bewusst, wie wichtig die Innenschau ist und wie Artali es so schön mit den Feldern erklärt, diese zu pflegen. Jedoch auch wie wichtig es ist, diese Energie in meiner Aura und in meinem Energiefeld wirken zu lassen.
Meine innere Freude, meine Kreativität, mein Mitgefühl und so vieles mehr energetisch sichtbar zu machen. Zum einen für mich selbst, aber auch, damit andere daran teilhaben können.

Anita

Ich habe beobachtet, dass dieses Thema bei mir sehr aktuell ist. Regelmässig besuche ich meine inneren Räume und Felder. Es ist ein sich wieder Orientieren und Sammeln von den momentan sehr anspruchsvollen äusseren Themen.
Irgendwie war da eine Mauer zwischen den beiden Welten, ich habe die schweren Energien reingelassen, bearbeitet und weitmöglichst in mir zu heilen versucht. Viel zu wenig jedoch habe ich das Licht natürlich ins äussere Feld zurück-fliessen lassen. Nur wenn ich Energiearbeit mache, arbeite ich bewusst mit diesen heilvollen Schwingungen und verbreite sie in den äusseren Feldern. Im Alltagsleben jedoch war da eine Trennung. Jetzt versuche ich, mit meinem Atem mein inneres Licht immer wieder nach aussen zu wenden und hoffe, dass dies ein ganz natürlicher Vorgang im Tagesbewusstsein wird. Ich freue mich schon auf Überraschungen, weil dies ganz bestimmt einige Änderungen hervorrufen wird.

Marlon

Manchmal wartet man im Leben auf eine «Erlaubnis». Schon seit ich klein war habe ich mich bei grosser Trauer und allgemein bei grossen emotionalen Bewegungen gern zurückgezogen und mich hingebungsvoll in die Emotion gegeben.

Am liebsten bin ich dann ganz für mich allein und ziehe mich in meine physische und innere Felder zurück. Ganz spannend, weil du es auch erwähnst, Artali, was atmen wieder einmal bewegen kann: Seit einigen Wochen atme ich bewusster ein und aus.

Und seit einigen Tagen füge ich immer wieder Sätze hinzu: «Bei diesem Einatmen merke ich, dass da Wut/Trauer/Glück/Ruhelosigkeit/.. ist. Bei diesem Ausatmen lasse ich diese danken los und begebe mich in die Ruhe.» Ein toller anderer Satz, den ich nun dank dir kenne «.. .und begebe mich in das Feld vom bedingungslosem Glück.»

Karin

Die inneren Felder zu pflegen, bedeutet sich selbst zu lieben und sich um sich zu kümmern, damit man nicht verkümmert.

Deine Wahrnehmung:

Kapitel 11 – Résumé

Artali

Diese Reise mit euch hat mich tief berührt. So vieles durfte mir selbst bewusst werden. Das Denken und Fühlen von euch Menschen hat mich auch beeinflusst. Es ist an mir, ob zum Guten oder Schlechten. Denn ich entscheide, welche Energie ich in meine inneren Felder hole.
Mir wurde wieder so viel bewusst, was ich nur noch unbewusst lebte und darum nicht mehr aktiv nährte. Ich fühle mich jetzt viel ausgeglichener und geerdet.
Nicht nur bei Michaela, sondern bei allen, die an diesem Buch mitgewirkt haben, konnte ich ihre Resonanz spüren. Manchmal etwas wunderlich, was es in euch auslöste, doch immer befreiend und klärend.
Ich bin so dankbar für diese Reise, für diesen Austausch. Und denkt daran, dieses Buch hat keinen Anfang oder ein Ende, es ist ein Kreis der Energie, ihr könnt immer wieder von Neuem beginnen und auf einer anderen Ebene etwas für euch klären, bewohnen oder Samen sähen.

Michaela

Was mich persönlich am meisten berührt hat und tut, ist mein Feld der Wut, der verbrannten Erde. Hier kann ich nun einen Teppich aus Wildblumen erkennen. Samen der Hoffnung, der Freude, der Vergebung, des Friedens und viele mehr sind aufgegangen und beleben mein Feld der Wut. Ich denke, für mich ist es jetzt das

Feld der Hoffnung.
Stark beschäftigen mich Artalis Impulse zur Liebe. Und je mehr ich darüber nachdenke, so erkenne ich immer mehr, dass ich auf einer tiefen Ebene tatsächlich das Gefühl liebe, dass mir ein Ort, ein Mensch oder ein Tier geben, wenn ich mit ihnen zusammen bin.
Dies führt mich persönlich zur Überlegung: Je mehr ich mit mir selbst im Reinen bin, je mehr ich mit mir selbst gerne zusammen bin, umso mehr Orte, Menschen und Tiere werde ich lieben. Denn je mehr ich in mir in Balance bin, in Harmonie mit mir selbst bin, umso mehr bringe ich diese Energie in mein äusseres Feld.
Die Reise ist für mich noch nicht zu Ende, mit dem Ende dieses Buches. Gerade das Feld der Liebe wird mich noch lange nachdenken und nachfühlen lassen.
Das Konzept der inneren Felder anstelle von Räumen, finde ich befreiend und spannend.

Anita

Diese Worte entstehen in tiefer Dankbarkeit für Artali und Michaela. Für mich war die Reise von unschätzbarem Wert. Ich konnte noch tiefer zu mir finden und so auch mehr Vertrauen in mich gewinnen. Durch das Eintauchen in die verschiedenen Felder haben sich mir innere Welten aufgetan, die immer bunter und vielschichtiger wurden. Eigentlich bin ich selbst überrascht, was sich alles gezeigt hat. Wie es aussieht, hat die Entdeckungsreise erst begonnen und ich freue mich, auf weitere Reisen, Erkenntnisse und Heilungen.
Wie bereits in Kapitel 10 erwähnt, hat mich Artali an einem Zeitpunkt auf die Reise mitgenommen, als mein Leben gerade aus allen Fugen lief. Es ist erstaunlich, wie ich selbstverständlich, auch mal tagsüber, einfach in

mein Inneres eintauchte und durchatmete. Immer wieder fand ich in meine Mitte und fühlte mich der Situation nicht ohnmächtig ausgeliefert. So sieht man auch die Dinge in den äusseren Feldern, die gut laufen.
So durfte ich zum Beispiel einen unvergesslich schönen 60. Geburtstag zur Wintersonnenwende feiern, der mein inneres Feld immer wieder auffüllen und bereichern kann. Gerade diese Erfahrung erscheint mir bei dieser Reise so wichtig, dass man wählt, welche äusseren Felder man in sein Inneres einlässt, respektive wie man mit all den äusseren Reizen, Informationen und Begebenheiten umgeht.
Gut möglich, dass ich bei einer nächsten Reise mit Artali wieder ganz andere Werkzeuge auf meinem Weg entdecke und andere Schwerpunkte lege.

Marlon

Atem und innere Räume
Der bewusste Atem schafft eine Verbindung zwischen dem Inneren und Äusseren.
Durch das Atmen können innere Räume bewusst wahrgenommen und mit Energie gefüllt werden. Dies fördert die Vereinigung von innerem und äusserem Raum und stärkt das Wohlbefinden.

Meditation und Wahrnehmung
Meditation führt zu einer tiefgehenden Auseinandersetzung mit der eigenen inneren Landschaft. Während der Prozess des Hörens im Vordergrund stand, wurde das Fühlen zunehmend wichtiger. Die Fähigkeit, innere Räume und Grenzen zu erfassen, hilft dabei, einen Zustand des inneren Friedens zu erreichen.

Geborgenheit und Erinnerung Geborgenheit wird als wärmende Decke aus Erinnerungen beschrieben. Sie manifestiert sich in verschiedenen Formen: von Umarmungen bis hin zu spirituellen Ritualen wie Chanten. Geborgenheit schafft die Basis für Wachstum und Veränderung.

Felder des Glücks und der Wut
Glück wird als Zusammenspiel von Kindheitserinnerungen, Natur und spirituellen Elementen erlebt. Wut und Aggression hingegen sind energetisch intensive Felder, die bewusst wahrgenommen und transformiert werden müssen. Die Differenzierung zwischen Wut als langfristiger Emotion und Aggression als situativer Reaktion verdeutlicht die Notwendigkeit der Selbstreflexion.

Die Bedeutung der Liebe
Liebe wird als dynamisches, facettenreiches Gefühl beschrieben, das sich in kleinen, bedeutungsvollen Momenten zeigt. Sie besteht aus Geborgenheit, Fürsorge, Achtsamkeit und Beziehung. Dabei ist sie weniger ein statisches Konzept als vielmehr eine lebendige Erfahrung.

Die Kunst des Wartens und Vertrauens
Das bewusste Atmen wird als Werkzeug genutzt, um Emotionen zu erkennen, zu benennen und loszulassen. Die Reflexion zeigt, dass es nicht nur darum geht, Räume zu erforschen und zu nutzen, sondern auch darum, Geduld zu haben und Vertrauen in den Prozess des Lebens zu entwickeln.

Zusammenfassend ergibt sich ein tieferes Verständnis für innere Prozesse und die Wechselwirkung zwischen Emotion, Wahrnehmung und spiritueller Entwicklung. Die Reflexionen zeigen, dass durch bewusste Achtsamkeit und eine bewusste Verbindung zu den eigenen inneren Feldern ein Zustand von Frieden, Klarheit und Wachstum erreicht werden kann.

Ich danke dir Artali für die Reise, welche für mich gerade erst begonnen hat.

Karin

Es war und ist eine schöne Reise durch meine inneren Felder, die jetzt erblühen und bei richtiger Pflege zu kraftvollen Felder heranwachsen werden. Ich danke Dir Artali für diese schöne Erfahrung.

Deine Wahrnehmung:

JULIA MOLL

Schlusswort

Artali

Es ist erst der Beginn einer spannenden Reise. Ein Kreis hat sich geschlossen, nur damit sich der nächste öffnet.

.

Weitere Bücher Michaela Ghisletta:

Artali – Die Geschichte eines blinden Pferdes
ISBN 978-3-7597-9987-6

Spirit der Pferde
ISBN 978-3-7543-1904-8

Einhorn Mondlicht, Die Magie des Herzens
ISBN 978-3-8423-9659-3

Einhorn Mondlicht, Im Dorf der Magier
ISBN 978-3-7557-8335-0

Die Kristall- und Regenbogenkinder
ISBN 978-3-8482-2918-5

Die neue Zeit – Der Wandel beginnt in Dir
ISBN 978-37534-5909-7

Die Welt auch ohne Augenlicht wahrnehmen. Die anderen Sinne ausdehnen und eine neue Sicht erhalten.

Im Grunde genau das, was das Wahrnehmen ausmacht. Erlauben wir uns selbst doch, diese neue Sicht zu erfahren.

www.unicorn-spirit.ch